Der Natur auf der Spur

# Möwe Max
# und die unheimliche Nacht

Text, Aquarelle
und Gestaltung
Sylvia Brinkmann

## TIERE DER GESCHICHTE

- Silbermöwe
- Lachmöwe
- Seestern
- Miesmuschel
- Herzmuschel
- Sandklaffmuschel
- Schwertmuschel
- Pazifische Auster
- Strandkrabbe
- Einsiedlerkrebs
- Wattwurm
- Wellhornschnecke

## INHALT

| | |
|---|---|
| Der Flugkünstler | 5 |
| Ganz allein | 13 |
| Zusammen sind wir stark | 21 |
| Der Besuch aus Amerika bleibt hier | 25 |
| Spaghettihaufen im Watt | 29 |
| Das geliehene Haus | 36 |
| Hilfe für den Feind | 44 |
| Die Freundin | 62 |
| Ein herzliches Wiedersehen | 70 |

**Bibliografische Information der Deutschen Nationalbibliothek**
„Die Deutsche Nationalbibliothek verzeichnet diese Publikation in der Deutschen Nationalbibliografie; detaillierte bibliografische Daten sind im Internet über http://dnb.dnb.de abrufbar."

5. Auflage 2024

© Sylvia Brinkmann, 2013, 2015, 2016, 2022
Printed in Germany
Alle Rechte, auch die des Nachdrucks
von Auszügen und Aquarellen, der
fotomechanischen Wiedergabe und
der Übersetzung, vorbehalten.

ISBN 978-3-00-039957-2

www.sylvia-brinkmann.de

## *Der Flugkünstler*

Kaum aus dem Ei geschlüpft, sitzt Max glücklich und zufrieden zwischen seinen Eltern, den Silbermöwen. Er kann sofort laufen und schwimmen. Doch dazu ist er viel zu bequem, bleibt lieber die meiste Zeit im Nest hocken und lässt sich von seinen Eltern verwöhnen.

Das gemütliche Zuhause der Silbermöwen ist eine flache Mulde in den Dünen, die sie mit trockenen Pflanzen und Gräsern ausgelegt haben. Der Nistplatz ist zwar nicht besonders groß, aber er genügt der kleinen Familie. Max hätte sich kein schöneres Nest wünschen können. Da es etwas erhöht in den Dünen liegt, haben Max und seine Eltern einen Rundblick wie von einem Aussichtsturm. Hier, am Rand der Dünen, leben viele Tausend Silbermöwen mit ihnen in einer großen Kolonie. Die Vögel wissen, dass sie das enge Zusammenleben schützt. Gemeinsam passen sie auf, ob von irgendwoher eine Gefahr droht. Nähert sich jemand, fliegen alle Möwen gleichzeitig mit lautem „Ga-ga-ga" auf. So erschrecken und vertreiben sie den Störenfried.

Der kleine Max ist leicht zu erkennen. Er hat wie alle Möwenküken ein braungeflecktes Federkleid. Die älteren Silbermöwen haben weißgraue Federn.

„Ich bin hungrig!", piepst das Möwenküken und pickt aufgeregt gegen den roten Punkt am Schnabel seiner Eltern. „Nicht so eilig, Kleiner. Wir haben dir etwas

Leckeres zum Fressen mitgebracht", beruhigen die Möweneltern Max und füttern ihn liebevoll. Immer wieder kommen sie mit Fischen, Herzmuscheln, Miesmuscheln, Krebsen, Krabben und Würmern.

Manche Muscheln und Krabben können die Silbermöwen mit dem Schnabel nicht öffnen. Sie nehmen deshalb den Fang mit in die Luft und lassen ihre Beute aus großer Höhe ganz gezielt auf die harten Felsen fallen.

„Wow!" Max staunt mit aufgerissenen Augen, als er sieht, wie der Panzer des Krebses sich öffnet und die Muschelschale zerspringt. Nun stürzt sich die ganze Möwenfamilie mit Heißhunger auf ihre Mahlzeit, die sie jetzt problemlos fressen kann.

„Was für ein wunderschöner Tag! Kjiiau, kjiiau, kjau, kjau", ruft Max ganz aufgeregt. Heute darf er das erste Mal gemeinsam mit seinen Eltern hinaus zum Fische fangen. Bis es soweit ist, lässt Max die anderen Silbermöwen nicht mehr aus den Augen. Er beobachtet sie beim Fliegen und Schwimmen. „Hoffentlich stelle ich mich auch so geschickt an", denkt er. Die kleine Möwe will sich anstrengen. Doch da kommen schon seine Eltern und rufen: „Jetzt aber schnell! Max, worauf wartest du noch?"

Aufgeregt schwingt er sich in die Luft und dann beginnt das Abenteuer. Max lässt sich vom Wind immer höher und höher emportragen. Dann segelt er mit weit ausgebreiteten Flügeln (x) über dem

(x) Möwenflügel = sind geeignet für Schlag- und Gleitflug

Meer. Plötzlich lässt er sich einige Meter tiefer fallen, um dann fröhlich weiter zu fliegen. Immer mutiger dreht er voller Freude seine Runden. „Es ist unglaublich! Unglaublich schön!", flüstert er begeistert.

Währenddessen haben seine Eltern mit ihren scharfblickenden, gelben Augen schon einige kleine Fische gefangen und gefressen. „Max, komm schnell!", rufen sie immer wieder. „Die anderen Möwen sind schon weitergeflogen. Wenn wir uns beeilen, holen wir sie noch ein." Aber Max achtet nicht auf das Rufen seiner Eltern. Er genießt lieber die Weite des Himmels und bewegt sich in der Luft wie ein Flugkünstler. Auf einmal entdecken seine Eltern eine Seemöwe mit einem großen zappelnden Fisch im Schnabel.

Den möchten sie auch gerne fressen und jagen im Eiltempo der Möwe hinterher. Es beginnt ein Wettfliegen um die Beute und sie vergessen Max. Die Eltern entfernen sich immer weiter von ihm, ohne es zu bemerken. Ihre aufgeregten Schreie werden langsam schwächer und schwächer, bis sie schließlich verklingen.

„Puhh", ruft Max, „bin ich durstig!" Völlig außer Atem lässt er sich auf dem Wasser nieder und trinkt hastig das salzige Meerwasser. Das verträgt er nur, weil Möwen das Salz (x) wieder von sich geben können.

(X) Das Salz wird von den paarigen Salzdrüsen im Kopf der Silbermöwe über die Nasenhöhle wieder ausgeschieden.
   - Vogelwarte Helgoland/ Institut für Vogelforschung –

*Ganz allein*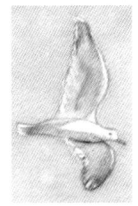

„Ooooh! Bin ich müde." Sanft wiegen die Wellen Max hin und her. Erschöpft von seinen ersten Flugübungen schläft er sofort ein. Als er aufwacht, weiß Max nicht, wie lange er geschlafen hat. Erschrocken schaut er in einen riesengroßen, dunklen Himmel. Es ist Abend. Weder Mond noch Sterne sind zu sehen. Der Wind heult. Ganz geheuer ist es Max nicht.

„Wo sind nur meine Eltern? Wo ist unsere Möwenkolonie? Das Meer ist so groß und das Ufer so weit." Die kleine Möwe fragt sich niedergeschlagen: „Und wo verbringe ich die Nacht?"

Braungrüne Felsen, die Max von Ferne

erkennen kann, scheinen ihm Schutz zu bieten. Er überwindet seine Angst, schwingt sich mutig auf und fliegt über die Schaumkronen der Wellen direkt auf einen der Felsen. Halb im Wasser liegend und von tiefen Felsspalten durchzogen, ist der Fels ein sicheres Versteck. „Wenn ich dort sitze, kann mich keiner sehen, aber ich kann alles überblicken. Hier warte ich auf den nächsten Morgen", entscheidet sich Max.

Der Fels ist feucht und kalt. Der Mond taucht auf und lässt alles in einem gespenstischen Licht erscheinen. Max ist verzweifelt. Er fühlt sich allein und verlassen. „Ich muss diese unheimliche Nacht einfach abwarten", tröstet er sich. Entschlossen zieht er den Kopf ein, schließt

tapfer die Augen und versucht zu schlafen.

„Hiiiilfe, Hiiiilfe!" Max schreckt mitten in der Nacht hoch. Die lauten Rufe haben ihn geweckt. Ängstlich schaut er sich nach allen Seiten um. Dann ist alles wieder ganz still. Verwundert denkt die kleine Möwe: „Wie seltsam. Der Strand liegt ruhig da und nichts bewegt sich. Oder doch? Woher kommen nur die Hilferufe?"

In diesem Augenblick entdeckt Max am Fels eine Miesmuschel. Sie hat es wohl sehr eilig. Ungeduldig löst sie mit ihrer Fußspitze die klebrigen Fäden (x), die sie ganz fest mit dem Felsen im Wasser verbinden und festhalten, damit sie nicht von der Strömung mitgerissen wird. Die Miesmuschel hat die Fäden selbst hergestellt. Sie kommen aus einer kleinen Drüse

(X) Die Fäden der Miesmuschel heißen auch Byssusfäden.

an ihrem Fuß. Oft nutzt sie diese Fäden, um sich an ihren Artgenossen zu befestigen. Das macht sie mithilfe ihrer Fußspitze. So werden aus einer Miesmuschel mehrere und aus mehreren ganze Miesmuschelbänke (x). Durch die klebrigen Fäden kann die Muschel auch klettern und sich überall aus eigener Kraft herausziehen.

Max traut seinen Augen nicht, als er sieht, wie die Miesmuschel sich an ihrem „Kletterfaden" langsam von der Felskante herunterlässt. Denn eigentlich lebt die Miesmuschel immer am gleichen Ort und hat sich dem Rhythmus von Ebbe und Flut angepasst. Sobald sie von der Flut überspült wird, klappt sie vorsichtig ihre Schalenhälften auseinander. Dann filtert

(X) Die Miesmuscheln bilden große Kolonien (Bänke).

sie hungrig Plankton zum Fressen und Sauerstoff zum Atmen aus dem Meerwasser. Dafür pumpt sie 10 Liter am Tag durch ihre Kiemen.

Ihre Nahrung, das Plankton, sind kleine, winzige Pflanzen und Tiere, die im Wasser schweben und mitschwimmen. So säubert die Miesmuschel durch ihr Verhalten wie eine Kläranlage das Wattenmeer. Weicht das Meerwasser bei Ebbe wieder zurück, schließt die Muschel schnell ihre Schalenklappen. So schützt sie sich vor ihren Feinden und trocknet nicht aus.

Nicht nur Max, sondern auch die Miesmuschel hat die Hilferufe gehört. Ohne an drohende Gefahren zu denken, macht sie sich sofort auf den Weg, um zu helfen. Damit nimmt das Ereignis seinen Lauf. Im

Mondlicht sieht Max deutlich, wie die Miesmuschel unerwartet eine Herzmuschel trifft. Völlig überrascht fragt die Miesmuschel laut: „Was machst du denn hier? Dein Zuhause ist doch weit draußen, wo das Meer ganz dunkel und wild ist."

„Eine hohe Welle hat mich mitgerissen und an den Strand gespült", hört Max die Herzmuschel ganz aufgeregt antworten. „Unzählige Muschelhälften lagen neben mir. Wie kommt das bloß? Alle Muscheln haben doch wie wir zwei harte Schalenklappen, um ihren weichen Körper bei Gefahr und Trockenheit zu schützen."

„Das kann ich dir erklären", antwortet die Miesmuschel. „Die Schalenklappen, die eigentlich dicht verschlossen sind, waren leer, also unbewohnt. Keiner war mehr da, um sie zusammenzuhalten. So konnten die Wellen sie in zwei einzelne Muschelhälften trennen." Das versteht die Herzmuschel und sie nickt zustimmend. „Wo willst du denn hingehen?", fragt sie neugierig weiter. „Du bist doch auch nicht von hier, oder?"

Aufmerksam lauscht Max dem Gespräch und hört zu seinem Erstaunen, wie die Miesmuschel voller Stolz antwortet: „Und ob! Ich wohne hier. Wir Miesmuscheln und die Pazifischen Austern (x) sind die einzigen Muscheln, die direkt auf dem Wattboden leben."

(x) Die Pazifische Auster kommt aus Japan und wurde in der Nordsee ausgesetzt.

## *Zusammen sind wir stark*

„Pssst", macht plötzlich die blauschwarze Miesmuschel. Verwundert horcht die Herzmuschel auf. Die Hilferufe sind nicht mehr zu überhören. Ihr Ton wird immer drängender. Die Muscheln werfen einander fragende Blicke zu. Da ruft die Miesmuschel ganz aufgeregt: „Wir müssen etwas unternehmen und helfen. Komm! Krieche mit, so schnell du kannst."

„Dein Mut imponiert mir. Ich komme mit", entgegnet die Herzmuschel mit der bauchigen Schale.

Max hat alles mit angehört und fühlt, wie sein Herz pocht. Was haben die beiden jetzt vor? Ohne ein weiteres Wort zu sagen, kriechen die Muscheln eilig voran.

Sie wollen zur großen Sandklaffmuschel, deren Schnorchel (x) sie schon von Weitem erkennen können. Die weißgraue Muschel mit ihren ovalen Schalenklappen lebt gut geschützt bis zu 30 cm tief im Wattboden. Ihren Sauerstoff zum Atmen und ihre Nahrung holt sie sich mit ihrem Schnorchel, einem langen rüsselartigen Gebilde, direkt aus dem Meerwasser.

„Wer ist da?", ruft die Sandklaffmuschel, als sie leise Geräusche hört. Erschrocken zieht sie ruckartig ihren Schnorchel zurück. Dabei spritzt ein kräftiger Wasserstrahl aus dem Wattboden. „Uiiih!", flüstert die Miesmuschel, und die herzförmige Herzmuschel bebt vor lautlosem Lachen, als beide die Wasserfontäne sehen.

(x) Schnorchel=Sipho                    Sandklaffmuschel

Übermütig fragen sie die Sandklaffmuschel: „Pissmuschel, weißt du, woher der Hilferuf kommt?"

Bei dieser frechen Anrede macht die große Muschel ein gekränktes Gesicht. Sie weiß, dass sie gegen ihren Spitznamen nichts tun kann. Trotz alledem, ein wenig Respekt kann sie schon erwarten. Schließlich ist die Familie der Sandklaffmuscheln die größte einheimische Muschelart der Nordsee.

Wo ist denn Möwe Max geblieben? Unbemerkt hat er sich an die Muscheln herangeschlichen und hört, wie die Miesmuschel unbekümmert weiterredet.

## *Der Besuch aus Amerika bleibt hier*

„Was ist eigentlich mit der langen, dünnen Muschel aus Amerika? Vielleicht kann sie uns auch bei der Rettung helfen."
„Dass wir an die Amerikanische Schwertmuschel noch nicht gedacht haben! Wir werden sie sofort aufsuchen und fragen, ob sie mit uns kommt."
„Wieso denn das?", fragt die Herzmuschel verblüfft.
„Die Schwertmuschel hat viel Erfahrung. Sie ist als schwimmende Larve mit einem Schiff (x) von Amerika nach Deutschland gekommen", antwortet die Miesmuschel, „und lebt jetzt hier im Watt. Sie ist groß und kräftig. Außerdem ist sie bis zu

(x) Die schwimmenden Larven kamen im Ballastwasser (zum Gleichgewichtsausgleich) eines Schiffes nach Deutschland.

achtmal so lang wie breit und dazu so beweglich, dass sie sogar unter Wasser springen kann." „Und warum erzählst du das erst jetzt?" „Überleg doch mal, ich habe einfach nicht an die eingewanderte Muschel gedacht", erwidert die schwarzblaue Miesmuschel genervt. Alle sind froh, dass die Schwertmuschel sofort mitkommt. Im Eiltempo ziehen sie los, den Hilferufen weiter entgegen. Plötzlich hören sie ein leichtes, dumpfes Dröhnen. Entsetzt stellen sie fest, wie hilflos sie auf dem offenen Watt sind. Dann geht alles ganz schnell. „Achtung! Achtung! Gefahr! Wir müssen in Deckung gehen!", ruft eine von ihnen aufgeregt. Und schwuppdiwupp buddeln sich alle Muscheln mit

Herzmuschel, Strandkrabben

ihrem Fuß in den Wattboden ein. Gerade noch so rechtzeitig, um den herannahenden Strandkrabben aus dem Weg zu gehen. Sicher ist sicher.

Die kleine Silbermöwe hält den Atem an. Jetzt wird es offenbar gefährlich. Max duckt sich und bleibt regungslos. Er empfindet mehr staunende Neugier als Angst. Da sieht er, wie die Strandkrabben mit ihren acht abgewinkelten Laufbeinen quer über den Wattboden auf ihn zulaufen (x). Max flüchtet. Erst als er in einem Felsversteck ist, macht er wieder halt.

(x) Wegen der ungewöhnlichen Art zu laufen, werden die Strandkrabben auch Querläufer genannt.

*Spaghettihaufen im Watt*

Auch die Strandkrabben haben die Hilferufe gehört. Sie sind in heller Aufregung und laufen sofort in die Richtung der verzweifelt rufenden Stimme. Dabei kommen sie an den vielen Kothaufen der Wattwürmer vorbei, die wie kleine Spaghettiberge aussehen.

„Kennst du den Wattwurm?", fragt eine Strandkrabbe die andere. „Ja, den kenne ich. Jeder kennt ihn." Alle brummen zustimmend. „Was ist, wenn wir ihn fragen, ob er uns begleitet? Vielleicht haben wir das Glück, dass er uns gleich hört." „Stopp! Genau an dieser Stelle ist er verschwunden", meldet laut eine Strandkrabbe und alle halten an.

„Das stimmt!"

„Hallo Wattwurm!", rufen die Strandkrabben in das kleine runde Loch an der Oberfläche des Wattbodens. Es ist das Fressloch des Wattwurms. Dieser lebt in einer 15 – 20 cm tief im Watt liegenden Röhre, die wie ein „U" aussieht. Hier im Untergrund, fühlt er sich am wohlsten. Durch das Loch im Watt rieselt ständig Sand nach unten zum Kopf des Wattwurms. Das nutzt der Wurm aus, um ganz bequem satt zu werden. Er frisst den Sand, filtert ihn sofort und verdaut alles was darin lebt (x).

Niemand kann den Wattwurm sehen. Niemand kann ihn hören. Lange kann es nicht mehr dauern, bis er sich bemerkbar macht. Den Strandkrabben bleibt nichts

(x) Hauptsächlich Kieselalgen und Bakterien.

anderes übrig, als zu warten. Ungeduldig rufen sie noch einmal laut nach dem Wattwurm. Doch dieser denkt gar nicht daran zu antworten. Er will einfach seine Ruhe haben und nicht gestört werden.

Auf einmal hat er es aber sehr eilig. Rasch kriecht er rückwärts zum Ausgang seiner Wohnröhre. Sein Bauch drückt und er muss den Sand wieder ausscheiden, den er gefressen hat. Sobald er sich sicher fühlt, gibt er in Windeseile den Sand in Form von Würstchen ab. Dabei türmen sich die Sandwürstchen auf dem Wattboden zu einem kleinen „Spaghettihaufen" auf.

Beim Stuhlgang passt der Wattwurm höllisch auf, dass er nicht unverhofft von seinen Feinden gefressen wird. Diese wissen nämlich, dass er dafür alle 40 Minuten herauskommen muss.

„Da ist er!", meldet eine Strandkrabbe mit erregter Stimme, die im Augenblick Wache schiebt. Aber aus Angst beeilt sich der Wattwurm so, dass er in zwei Sekunden mit seinem Geschäft fertig und wieder verschwunden ist. Nur das schützt ihn vor seinen Feinden, den Vögeln, Fischen und Schnecken.

In der Zwischenzeit sind die Muscheln mutig zu den Strandkrabben gekrochen, die sofort ein ärgerliches Gemurmel ertönen lassen. Doch sie bleiben friedlich und tun nichts Unüberlegtes. Ein Glück für den um Hilfe Rufenden, denn alle wollen jetzt gemeinsam helfen. Da endlich reagiert der Wattwurm auf die lauten Rufe.

„Was wollt ihr eigentlich von mir?", knurrt er und runzelt besorgt die Stirn.

„Ein Verunglückter muss gerettet werden und dafür brauchen wir deine Hilfe. Lieber Wattwurm, wir wissen, dass du viel zu tun hast. Morgen kannst du deine Arbeit nachholen. Vielleicht müssen wir am Unglücksort einen Tunnel graben... deine Spezialität. Wir sollten auf alles gut vorbereitet sein."

„Lass sie reden", denkt der Wattwurm, „ich gehe hier nicht weg. Sonst stürzt noch meine Wohnröhre ein, die ich extra zur Vorsicht mit Schleim ausgekleidet habe."

Max verharrt immer noch in seinem Felsversteck. Er will abwarten, bis endlich die „Luft rein" ist. Erst dann hat er vor, sich den Watttieren wieder langsam und vorsichtig zu nähern. Hoffentlich geht das gut.

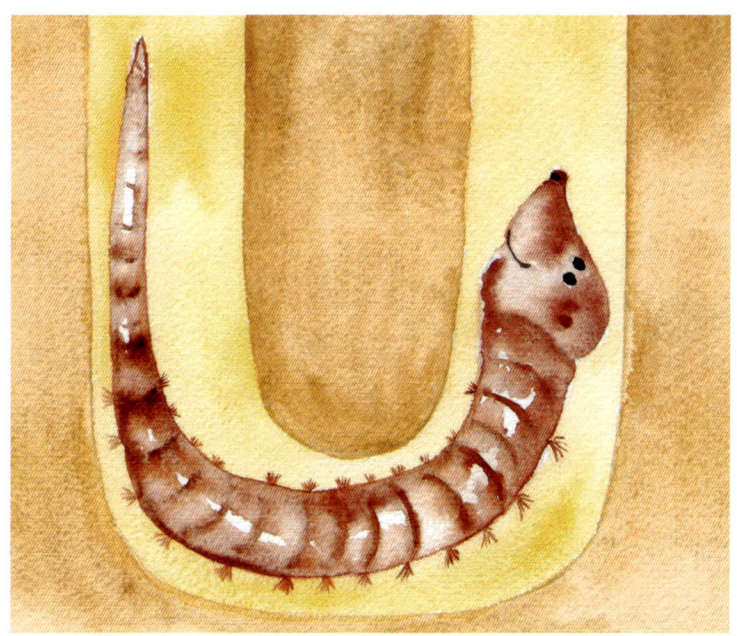

### *Das geliehene Haus*

Der Wattwurm wiegt nachdenklich den Kopf, zögert einen Moment und sagt dann entschlossen: „Ich bleibe hier! Fragt doch die Wellhornschnecke." Da erhebt sich ein lautes Murren und alle Tiere rufen empört zurück: „Nein, auf keinen Fall!" Das hört die kleine Möwe und fragt sich besorgt: „Was haben die Watttiere nur? Wovor fürchten sie sich?"

„Du meinst doch nicht etwa die Schnecke, die ihren Namen durch die Wellen und Runzeln auf ihrem Schneckenhaus bekommen hat?", hört Max eine Muschel rufen. „Ja, um Himmels willen, nur nicht die! Sie frisst Muscheln. Wir wollen nicht, dass sie uns riecht und

dann mit ihrer Zunge ein Loch in unsere Schale raspelt, um uns anschließend zu fressen. Sie lebt tief im Meer und da soll sie auch bleiben. Oder möchte eine von euch mit ihr Bekanntschaft machen?"
„Nein, nein! Wir brauchen und wollen die Hilfe der Wellhornschnecke nicht", rufen alle Muscheln gleichzeitig und bleiben entsetzt stehen. Auch die Strandkrabben halten nichts von dieser Lösung. Als der Wattwurm fragt: „Wie wäre es jetzt mit einer Pause?", will keiner etwas davon wissen. Alle eilen weiter. Aber es dauert nicht lange, da kommt ihnen eine Wellhornschnecke entgegengelaufen. Erschreckt weichen die Watttiere zurück. Eine Wellhornschnecke? Das kann doch nicht wahr sein. Auch Max kann sie sehen.

<small>Wattwurm, Wellhornschnecke, Herzmuschel, Miesmuschel</small>

„Achtung!", denkt eine der Strandkrabben. „Hier stimmt etwas nicht! Eine Wellhornschnecke kann nur schwimmen und kriechen, aber diese kann sogar laufen." Sofort schlägt sie Alarm.

Im gleichen Augenblick schaut der Wattwurm neugierig aus seiner Wohnröhre und sagt überrascht: „Das wird ja interessant." Eigentlich war er drauf und dran, doch noch mitzukommen. Jetzt wartet er lieber ab, ob es tatsächlich die gefürchtete Wellhornschnecke ist, die ihnen entgegenkommt. Erst nach fünf Minuten heißt es für alle Entwarnung! Es ist ein Einsiedlerkrebs! Auch Max hat ihn jetzt erkannt.

Alle sehen den Einsiedlerkrebs, der sein weiches, empfindliches Hinterteil in das verlassene Schneckenhaus einer Wellhornschnecke gesteckt hat. Aus seinem gut gepanzerten Vorderkörper schauen seine Fühler, das ungleiche Scherenpaar und die beiden folgenden Gehbeinpaare hervor. Die übrigen Beine sind verkümmert und halten ihn in seiner Behausung fest.

Verwundert bleibt der Einsiedlerkrebs stehen. Mit seinen Stielaugen (x) schaut er zu den aufgeregten Strandkrabben und Muscheln, die sich ihm jetzt vorsichtig nähern. Er hat ein mulmiges Gefühl und überlegt, sich blitzschnell in das Schneckenhaus zurückzuziehen. Dafür ist es aber zu spät, denn schon haben ihn die Strandkrabben mutig an seine beiden Scheren gepackt, um ihn mit sich

(x) Stielauge= Auge sitzt auf einer stielförmigen Erhebung

fortzuziehen. „Was soll das? Wo soll es denn hingehen?", will der Einsiedlerkrebs verängstigt wissen und versucht vergebens einen Schritt zur Seite zu treten. Ihm gefällt das gar nicht und er ärgert sich. „Krebs, komm mit!", rufen sie. „Wieso?", stutzt er. „Wir wollen helfen. Ein Tier ist in Gefahr", lautet die Antwort. „Das ist kein Problem für mich!", denkt der Einsiedlerkrebs. „Überhaupt kein Problem." Und ruft spontan: „Ich bin dabei!" Der Wattwurm jedoch hält es noch immer für besser, in seiner Wohnröhre zu bleiben.

Die Strandkrabben und der Einsiedlerkrebs führen den Rettungstrupp an. Sie suchen den kürzesten Weg zur Unglücksstelle. Dabei helfen dem Einsiedlerkrebs seine Stielaugen, die ihm eine

Rundumsicht ermöglichen.

Nur wenige Meter von ihnen entfernt liegt ein Felsen, der vom Wasser umspült wird. „Ja, dies muss der richtige Ort sein. Hier ist jemand in Not geraten", denkt der Einsiedlerkrebs hoffnungsvoll. „Vielleicht kann man Genaueres sehen?" Er kneift die Augen zusammen und versucht, etwas zu erkennen.

Derweil klappern die Strandkrabben mit ihren Scheren, das heißt: „Wir sind hier richtig. Hier muss es sein!" Da ruft der Einsiedlerkrebs: „Ich glaube auch, wir sind auf der richtigen Spur."

## *Hilfe für den Feind*

Hilflos zuckt am Ende des Felsens der Arm eines Seesterns in der Luft. Auch Max entdeckt ihn, als er um die Ecke späht.

„Oh, je", murmelt er vor sich hin. Dann weiten sich seine Augen vor Erstaunen, als er sieht, wie die Muscheln, die Strandkrabben und der Einsiedlerkrebs in seine Nähe kommen. Sie sind so schnell, dass sie anhalten und verschnaufen müssen. Max erfasst mit einem Blick die Lage. Er überlegt, ob er nicht vorsichtshalber von der Felsenklippe springen oder sogar wegfliegen soll.

„Aber wohin?", fragt sich Max. „Was soll ich nur tun? Helfen kann ich doch nicht. Oder?"

Strandkrabbe, Einsiedlerkrebs, Miesmuschel, Plattmuschel, Herzmuschel, Plattmuschel

Die Gedanken beginnen in seinem Kopf zu kreisen. Vorsichtig und leise schleicht er sich weg, um schnell hinter einem Felsvorsprung zu verschwinden. Vor lauter Aufregung kommt er ganz schön ins Schwitzen. Auf einmal verstummen die Hilferufe und Max blickt neugierig zurück. Er erkennt sofort, dass die Retter jetzt nicht mehr weiterwissen. Sie konnten die ganze Zeit den Hilferufen folgen. Doch nun, in der Stille, ist es ihnen rätselhaft, wo sich der um Hilfe Rufende befinden könnte. Welche Richtung sollen sie einschlagen? Welche ist die Richtige?

Max begreift: „Entweder gebe ich den Tieren einen Tipp und werde dabei entdeckt oder ich tue nichts und es gibt keine erfolgreiche Rettungsaktion.

Aber darf ich die Watttiere im Stich lassen? Nein! Ich kann nicht länger zögern, ich muss so schnell wie möglich helfen. Doch wie?"

In diesem Augenblick hat Max eine rettende Idee. „Na klar! Das ist die Lösung." Sofort ist er voller Tatendrang und vergisst seine Angst. Er zögert keine Sekunde und gibt sich einen Ruck. Dann fliegt er langsam über das Tier, welches sich in einer ausweglosen Lage befindet und um Hilfe ruft. „Jetzt!", denkt er und ruft ein lautes „Kjau, kjau." Damit gibt er den Rettern ein Zeichen, wo sich das verletzte Tier befindet. Sofort richten sich alle Augen auf Max, der nach einer Schrecksekunde so schnell er kann davon fliegt. Die Retter beachten ihn jedoch nicht mehr, denn sie kennen nun die Richtung, die sie einschlagen müssen. Die Muscheln können mit dem Tempo der anderen Tiere nicht mithalten. Sie sehen völlig abgehetzt aus, prusten und schnappen nach Luft. „Dort, dort!", brüllt die Miesmuschel. „Was ist? Was siehst du?", rufen die anderen.

„Das ist ein Seestern! Unser Todfeind! Wollen wir dem helfen?" Alle bleiben wie angewurzelt stehen und lauschen. „Der Stimme nach muss es ein junger Seestern sein. Trotzdem werden wir ihm nicht helfen. Eine Rettung könnte ihm so passen. Wir lassen uns doch nicht von einem Seestern fressen!" Die Herzmuschel ist der gleichen Meinung. Aufgeregt ruft sie: „Vorsicht! Vorsicht!

Das kann ein Trick des Seesterns sein."

„Würde er dann so herzzerreißend um Hilfe rufen, wenn er eine Gemeinheit vorhätte? Bestimmt nicht. Andererseits, wer garantiert, dass er wirklich Hilfe braucht und es keine gut geplante Falle ist? Ich finde, alles hat zwei Seiten", antwortet die Sandklaffmuschel. „Wir können den kleinen Seestern nicht seinem Schicksal überlassen! Das kommt einfach nicht in Frage", fügt sie heftig hinzu.

„Du hast mich überzeugt. Ich helfe mit", erwidert die Herzmuschel. „Wir sind auch dabei!", rufen daraufhin die anderen Muscheln. Mit jedem weiteren Schritt sehen sie, in welcher aussichtslosen Lage sich der Seestern befindet. Er ist so verunglückt, dass er auf jede Hilfe angewiesen ist.

Max beobachtet die Watttiere aus sicherer Entfernung und hört, was sie sich zurufen. Die kleine Möwe will unbedingt Gewissheit haben, ob die Rettung gelingt und wartet ab.

Der junge Seestern ist tief in einen Felsspalt gerutscht und kann sich vor Schmerzen kaum bewegen. Doch er hat Angst vor seinen Rettern. „Wollen die Tiere mir überhaupt helfen?" Zuerst glaubte er, sich selbst befreien zu können. Lieber wollte er einen seiner fünf Arme verlieren, als in der Felsspalte gefangen zu bleiben. Der Arm, das weiß er, wächst ohnehin bald nach. Aber da hatte er sich getäuscht. Er ist so eingeklemmt, dass er sich unmöglich selbst befreien kann. Ihm fehlt einfach die Kraft, sich aus der tiefen Spalte herauszuziehen. Es scheint nun mit ihm endgültig aus und vorbei zu sein. Mit verzweifelter Stimme ruft der kleine Seestern weiter um Hilfe. Unverhofft strecken ihm die Strandkrabben und der Einsiedlerkrebs ihre Scheren entgegen. Er soll sich an ihnen festhalten, damit er aus seinem „Gefängnis" hochgezogen werden kann. Der Seestern wird stocksteif vor Schreck und ist ohne Hoffnung, als er die scharfen Scheren sieht, an denen er sich bestimmt verletzen wird. „Nein, so geht das nicht!" Sein Herz klopft zum Zerspringen und er sagt kein Wort. An den Gesichtern der Strandkrabben kann er ablesen, wie enttäuscht sie sind, als ihr Vorgehen erfolglos bleibt. Jetzt gibt es nur noch eines, eine neue Lösung muss her.

Da wendet sich der Einsiedlerkrebs an die anderen Tiere und senkt die Stimme: „Mir wird das zu gefährlich. Ich muss euch gestehen, dass ich nicht schwimmen kann. Ich will euch aber nicht im Stich lassen."
„Schon gut!" Eine Strandkrabbe lächelt nachsichtig. „Bleibe du ruhig auf dem Wattboden und warte dort auf uns."

„Alle mal herhören!", ertönt auf einmal die Stimme der Schwertmuschel. „Ich habe eine erstklassige Idee. Zwei Strandkrabben können mich mit meinem langen, schmalen Körper dem Seestern entgegenhalten. So kann er sich an mir festklammern, während wir ihn aus der Felsspalte herausziehen."

Eine Strandkrabbe schaut die Schwertmuschel zweifelnd an. „Das meinst du nicht ernst, oder?"

„Oh doch", nickt die Schwertmuschel. „Also aufgepasst ihr beiden! Es geht gleich los. Übernehmt ihr das?" „Natürlich!", ist die umgehende Antwort.

Der kleine Seestern hat langsam wieder Mut gefasst. Er hält vor Anspannung den Atem an und hofft darauf, unbeschadet aus der Felsspalte herauszukommen.

Strandkrabbe, Schwertmuschel, Strandkrabbe

Da nähert sich ihm die Schwertmuschel vorsichtig, die Strandkrabben unterstützen sie nach Kräften. Dann ist es soweit und der kleine Seestern kann die Muschel umgreifen. Erst jetzt beginnt die Rettung. Behutsam und mit aller Kraft ziehen ihn die Schwertmuschel und ihre Helfer nach oben. „Langsam! Noch ein Stück und noch ein Stückchen, dann habe ich es geschafft", flüstert der Seestern heiser.

Überrascht und erfreut zugleich blickt die kleine Möwe auf das Geschehen.

Der Seestern begreift, dass er gerettet ist. Er ist überglücklich und die Schmerzen sind vergessen. Vorsichtig blickt er zurück in die tiefe Felsspalte und staunt ungläubig: „Da soll ich herausgekommen sein?"

Erleichtert sagt er mit belegter Stimme: „Danke! Vielen, vielen Dank. Ihr habt mir das Leben gerettet! Das werde ich euch nie vergessen! Mein ganzes Leben lang werde ich keine Muschel mehr fressen, das schwöre ich euch! Ohne eure Hilfe wäre ich jetzt mausetot."

„Ehrlich? Das versprichst du?" „Ja! Vor allem wünsche ich mir, dass ihr meine Freunde werdet."

„Gerne! Aber nun zu dir. Woher kommst du eigentlich?"

„Ich?", fragt der Seestern. „Ich wohne draußen im Meer. Plötzlich hat mich eine riesengroße Welle auf diesen Felsen gespült und mich dann ein starker Sog in die Tiefe der Felsspalte gezogen. Nun bin ich froh, dass ich dort mit eurer Hilfe herausgekommen bin."

„Armer kleiner Seestern", sagt die Strandkrabbe, „wenn du noch zu schwach bist, ziehen wir dich ins Meer zurück. Dort kannst du dich von dem großen Schreck erholen."

„Sehe ich vielleicht so aus, als ob ich dies nicht mehr allein schaffen kann?"

„Allmählich verstehe ich überhaupt nichts mehr", ruft die Miesmuschel völlig fassungslos. „Du siehst ja ganz blass aus und zitterst."

Erst jetzt merkt der junge Seestern, dass ihm der Kopf und besonders seine Arme schmerzen. Lieber nicht daran denken. Zuversichtlich und guter Dinge hofft er, bald wieder zu Hause zu sein.

Seestern, Möwenküken Max

Dann geschieht etwas völlig Unerwartetes. Wasser schießt zwischen die vielen Felsen. Überall ist sprudelndes Wasser. Alle werden von der Gezeitenwelle erfasst. Zweimal täglich im Sechs-Stunden-Rhythmus kommt es zu Hoch- oder Niedrigwasser, Flut oder Ebbe. Die Tiere purzeln durcheinander und werden im Wasser umhergewirbelt. Prustend schnappen sie lachend nach Luft. Sie sind in ihrem Element.

„Hört mal alle her! Ich danke euch für meine Rettung! Ohne euch wäre es mir schlimm ergangen", ruft erleichtert der Seestern, als das Wasser ihn wieder zurück ins Meer zieht.

„Nichts für ungut! Aber denke an dein Versprechen, keine Muschel mehr zu fressen. Alles Gute und auf Wiedersehen", rufen sie ihm nach.

Schneller als gedacht müssen sie sich trennen.

## *Die Freundin*

Der kleine Max ist unsicher, ob er vielleicht alles nur geträumt hat. Wie gerne würde er jetzt über seine Erlebnisse sprechen.

Langsam geht die Sonne auf. Max wird von den ersten Sonnenstrahlen gewärmt. Auf einmal hat er so ein komisches Gefühl. Wird er beobachtet? Lauschend bleibt Max stehen. Alle Sinne sind gespannt. Jeden Moment kann jemand auftauchen. Wer wird das sein? Sein Herzschlag stockt, als er hinter sich ein leises „Chräck kräääh" hört. Misstrauisch dreht er sich vorsichtig um. Er meint, nicht recht zu sehen und blinzelt ungläubig mit den Augen. Tatsächlich, da ist jemand. Es ist eine junge Möwe. „Bist du erschrocken?", fragt sie im Flüsterton. „Hmm", macht Max. Über sein Gesicht geht ein Lächeln. Erst jetzt fällt ihm auf, dass die junge Möwe etwas fremd aussieht. Er tritt einen Schritt zurück, legt seinen Kopf in den Nacken und schaut die Möwe erwartungsvoll an. „Wer bist du? Du bist ja ganz braun im Gesicht?", fragt er verwundert. „Das ist meine schokoladenbraune Gesichtsmaske. Das Erkennungszeichen von uns Lachmöwen. Unsere Tarnung hilft uns auch, streitlustige Nachbarn von einem Angriff abzuhalten. Doch im Winter haben wir einen weißen Kopf und fallen überhaupt nicht auf.

Silbermöwe, Lachmöwe

Ich habe gewusst, dass du mich nach meinem Aussehen fragen wirst. Mein Name ist Mia. Ich bin eine Lachmöwe und du bist eine Silbermöwe. Das habe ich sofort gesehen, weil du viel größer bist als ich. Wie heißt du denn?"

„Max", antwortet die Silbermöwe. Dann holt er tief Luft und sagt: „Weißt du was, Mia? Mir ist es egal, wie du aussiehst. Ich habe Hunger. Lass uns lieber ein paar Fische fangen, die können wir uns im Sturzflug erbeuten. Mir macht es überhaupt nichts aus, mit dem Kopf ins Wasser zu tauchen." „Gerne! Wir können auch sehen, wer schneller fliegen kann. Los geht's!" Wie auf ein Kommando fliegen die beiden Jungmöwen davon. Es dauert nicht lange und sie entdecken

Größe der Lachmöwe: 35 cm – 38 cm

einen Fischschwarm. Da gibt es kein Halten mehr. Im Sturzflug fangen sie die kleinen Fische und verschlucken sie ganz. Satt und zufrieden kehren sie zu den Dünen zurück.

„Ach, Mia, ich suche meine Eltern. Aber ich habe weit und breit keine andere Möwe gesehen", stößt Max mit gepresster Stimme hervor.

„Sei nicht traurig, zu zweit werden wir sie schon finden. Wir werden die Augen offenhalten und sie suchen. Komm! Lass uns ganz ruhig über das Watt und die Dünen segeln. Wir können dabei nach allen Seiten Ausschau halten."

„Siehst du schon etwas, Max?" „Nein! Aber hier in der Nähe muss meine Kolonie sein", meint er kleinlaut. Auch wenn er es

Größe der Silbermöwe: 55 cm – 67 cm

nicht zeigt, Max ist voller Sorge.

Seite an Seite fliegen die beiden neuen Freunde auf eine hohe Düne, um den Strand besser überblicken zu können. Sie verbringen den ganzen Nachmittag dort. Max sitzt schweigend neben Mia, der Lachmöwe. „Was ist los mit dir? Sag doch etwas Max!" „Ach, lass nur", druckst er mühsam hervor. „Ich bin enttäuscht darüber, dass meine Eltern mich gar nicht vermisst haben. Ich bleibe doch nicht freiwillig eine ganze Nacht lang weg. Warum haben sie mich nicht gesucht?"

„Sicher werden dein Vater und deine Mutter Angst haben, dass dir etwas zugestoßen ist und bemühen sich, dich zu finden." Die tröstenden Worte von Mia muntern ihn jedoch nicht auf.

Langsam wird es dunkel. Max ist froh, dass Mia bei ihm ist. Ungestört schlafen die beiden bis zum nächsten Morgen und werden durch die ersten Sonnenstrahlen geweckt. „Beeile dich, Mia!", ruft Max ungeduldig. „Wir müssen am Strand noch in die andere Richtung fliegen und dort unsere Suche fortsetzen."

## *Ein herzliches Wiedersehen*

Plötzlich hört Max ein lautes „Kjiiau". „Was hat das zu bedeuten?" „Na was wohl?", ruft Mia. „Deine Eltern sind da!"

Im Dunst der Morgensonne tauchen sie über dem Wasser auf. Max reckt sich und sieht seine Eltern näher kommen. Sein Herz klopft vor Freude. Das glückliche Wiedersehen ist herzlich und sehr laut. Die ganze Möwenfamilie freut sich.

„Max, wir haben uns schreckliche Sorgen gemacht. Du bist zwei Nächte nicht nach Hause gekommen, deshalb haben wir uns heute früh noch einmal auf die Suche gemacht. Wo warst du?"

„Genauso habe ich euch die ganze Zeit gesucht und Mia hat mir dabei geholfen."

Silbermöwe, Lachmöwe, Silbermöwenküken Max

Dann erzählt er von der unheimlichen Nacht, die er niemals vergessen wird. Max verhaspelt sich fast vor Aufregung. Seine Eltern staunen über das gemeinsame Vorgehen der Watttiere. Die Rettung des Seesterns hat auch sie sehr berührt und beeindruckt. Jetzt steht für die ganze Möwenfamilie fest: „Nein, Strandkrabben, Einsiedlerkrebse und Muscheln werden wir nicht mehr fressen. Da wir Allesfresser sind, werden wir deshalb aber nicht verhungern. Kommt, lasst uns lieber Fische, Würmer und Insekten fangen!"